阿迪契作品

Chimamanda Ngozi Adichie

我们都应该做女性主义者

We Should All Be Feminists

［尼日利亚］
奇玛曼达·恩戈兹·阿迪契——著
陈星——译

译林出版社

前言

这是我2012年12月在TEDx[①]尤斯顿年会上所作发言的修订版。这个年会的主题聚焦非洲，来自不同领域的演讲者在会上发表言简意赅的演讲，旨在激励和鼓舞非洲人及非洲的朋友。再早几年，我还在另一次TED大会上作过一个题为《单一故事之危险》的发言，谈了僵化思维如何限制并

① TED（即技术、娱乐、设计的英语单词首字母缩写）是一家美国的私立非营利机构，以其组织的TED大会著称，宗旨是“传播一切值得传播的创意”。TEDx为TED旗下组织，全球任何地方的当地团队经过申请获得批准后，都可以以TEDx的名义来组织活动。——编注

我们
都应该做
女性主义者

塑造了我们的看法，尤其是关于非洲的看法。在我看来，女性主义者这个词，以及女性主义理念本身，也受到了僵化思维的限制。我的哥哥楚克斯和我最好的朋友伊凯（两人都参与了TEDx尤斯顿年会的组织工作）坚持让我来作个发言，我无法拒绝。我决定谈一谈女性主义，因为我对此有着强烈的感受。虽然我怀疑这个话题不太会受欢迎，但我希望能够开启一场必要的对话。那天晚上，我站在讲台上，觉得自己仿佛面对着家人——听众们都友好亲切，聚精会神，但对我发言的主题可能难以接受。到结束时，他们起立为我鼓掌喝彩，给了我希望。

我们
都应该做
女性主义者

We
Should
All Be
Feminists

奥克洛马盯着我，说道："知道吗，你是个女性主义者。"这不是在夸我，我从他的口气里听得出来——人们说"你支持恐怖主义"时，也是这种口气。

奥克洛马是我儿时最好的伙伴之一。他就住在我家那条街上，像个大哥哥一样照顾我：如果我喜欢哪个男孩子，我会去找奥克洛马问他的看法。奥克洛马风趣、聪明，总穿一双尖头牛仔靴。2005 年 12 月，奥克洛马死于尼日利亚南部的一场空难。我至今都不知道该如何用言语描述我那时的感受。奥克洛马是我可与之争吵、共享欢笑、

女性主义者

彼此交心的人。他也是第一个说我是女性主义者的人。

我那会儿大概十四岁。当时是在他家，我俩发生了争论，都拿从书中搬来的一知半解的知识相互攻击。我已经不记得我们那次到底是为什么而吵的，但我记得我正滔滔不绝争来辩去呢，奥克洛马盯着我，说道：“知道吗，你是个女性主义者。”

这不是在夸我，我从他的口气里听得出来——人们说“你支持恐怖主义”时，也是这种口气。

我当时不知道“女性主义者”这个词究竟是什么意思，也不想让奥克洛马发现我不知道，于是避开了它，接着争辩。我准备一回家就翻字典查这个词。

“女性主义者”这个词承载了多么沉重的成见，负面的成见。

现在时间快进到几年以后。

2003年时，我写了一部题为《紫木槿》的小说，讲一个男人的故事，这人品行不好，还打老婆，他的结局不好。我在尼日利亚为此书做宣传时，有位记者，一个亲切、好心的男人，说他想给我一点忠告。（你们或许也知道，尼日利亚人总是忍不住要给人塞些忠告。）

他告诉我，人们说我的小说宣扬女性主义，而他给我的忠告（他一边说着，一边难过地摇着头）

就是我永远都不应该自称女性主义者，毕竟女性主义者都是些不快乐的女人，因为她们找不到丈夫。

于是我决定称自己是“快乐的女性主义者”。

之后有位学者，是一位尼日利亚女性，她告诉我女性主义不是我们的文化，女性主义是非非洲的，而我之所以会自称女性主义者，是因为我受到了那些西方书籍的影响。（这让我忍俊不禁，因为我最早读的书，大多数绝对是非女性主义的：我大约在十六岁前就把米尔斯与布恩[1]出版的言情小说读了个遍。而每当我试图阅读那些号称“女性主义经典”的书时，就觉得无聊，要读完得费好大劲。）

---

① 米尔斯与布恩（Mills & Boon）是英国最大的专门出版浪漫言情小说的出版社，成立于1908年。——译注

女性主义者
非洲的
快乐的
涂珠光唇膏
涂指甲油
穿高跟鞋

不管怎样吧，既然女性主义是非非洲的，我决定那就称自己是一个“快乐的非洲女性主义者”。后来，一个好朋友和我说，自称女性主义者，那就是说我讨厌男人。于是我就决定做一个“不讨厌男人的快乐的非洲女性主义者”。我一度是一个“不讨厌男人并且喜欢为了自己而非男人涂珠光唇膏穿高跟鞋的快乐的非洲女性主义者”。

当然了，这很大程度上是句俏皮话，但它表明，“女性主义者”这个词承载了多么沉重的成见，负面的成见：

你讨厌男人，你讨厌胸罩，你讨厌非洲文化，你认为女性应该主宰一切，你不化妆，你不剃体毛，你时刻愤怒，你没有幽默感，你不用除臭剂。

如果我们一再看到同样的事，就会习以为常。如果只让男生做班长，那么到了某个时候，哪怕只是无意识地，我们就都会认为，班长就必须是男生。如果我们看到所有机构的头儿都是男性，那么只有男性才能当各类机构的头儿这件事就会变得“自然而然”。

我要讲一个儿时的故事：

那时我在恩苏卡（那是尼日利亚东南部的一座大学城）上小学，开学那天老师说她要让全班学生做测验，谁的分数最高谁就可以做班长。班长可是大人物。如果你是班长，你可以每天记捣蛋鬼的名字，就这一项权力已足以让人飘飘然了；而在此之外，老师还会给你一根教鞭，让你拿着巡视教室、抓捣蛋鬼。当然了，你并不能当真动用那教鞭。但对于九岁的我来说，这样的前景已经很让人激动了。我非常想当班长。我也考出了全班最高分。

然后，让我意外的是，老师说班长必须是男生。她之前忘了把这一点说清楚；她以为这是不言而喻的。考第二名的是个男生。就由他来当班长。

更有趣的是，那男生生性温和文雅，压根儿没兴趣拿着教鞭巡视教室。而我则雄心勃勃地想要做这事。

但我是女的，他是男的，所以他当了班长。

这件事我一辈子忘不掉。

如果我们一再重复一件事，它就成了常态。如果我们一再看到同样的事，就会习以为常。如果只让男生做班长，那么到了某个时候，哪怕只是无意识地，我们就都会认为，班长就必须是男生。

如果我们看到所有机构的头儿都是男性，那么只有男性才能当各类机构的头儿这件事就会变得“自然而然”。

那男人认为我的钱归根结底

是路易给的。

因为路易是男人。

我常误以为，我认为显而易见的事情，对其他所有人来说也显而易见。就拿我的好朋友路易来说吧，他是一位才华横溢、思想进步的男性。我们聊天时他往往会说："我不懂你为什么说凡事到了女性那儿就变得不同，会更为艰难。也许过去是这样，但如今不是了。对于女性来说，如今一切都好啦。"我不明白为什么如此显而易见的事路易却看不见。

我喜欢回到尼日利亚，回去后大部分时候我

都在拉各斯，那是尼日利亚最大的城市和商业中枢。有时，当夜晚暑气退去，城市放慢节奏时，我会同朋友和家人去餐馆或咖啡厅。某个这样的晚上，我和路易同朋友们一起外出。

拉各斯有一道奇景：某些场所外，总徘徊着那么几个精力旺盛的年轻男子，动作夸张地“帮”你泊车。拉各斯是个人口近两千万的大都市，比伦敦更具活力，比纽约更富创业精神，所以人们会想出各种各样的谋生手段。如同在多数大城市里一样，晚间要找到停车位并不容易。而这些年轻男子开创的事业便是找车位（哪怕本来就有空位），并且打出各种手势引导你停入泊位，并保证在你回来前“照顾好”你的车。那晚，那个帮我们找车位的男人以其独特的表演让我叹为观止。

于是当我们离开时，我决定给他点小费。我打开我的包，把我的手伸进去，拿出我的钱来，递给他。他很高兴，心怀感激，便从我手中接过钱，然后看着另一头的路易说："谢谢先森[1]！"

路易惊讶地看看我，问道："他为什么要谢我？那钱又不是我给他的。"然后我看到了路易脸上恍然大悟的表情。那男人认为我的钱归根结底是路易给的。因为路易是男人。

① 原文中泊车男子此处说的话带有口音。——编注

肯尼亚已故的诺贝尔和平奖得主

旺加里·马塔伊有简洁到位的描述，

她说越往上女性越少。

男人和女人并不相同。我们有不同的激素，不同的性器官，不同的生理功能——女性能生孩子，男性不能。男性的睾酮水平更高，而且一般来说，男性体格较女性更强壮。全世界的女性比男性人数稍多一点点——世界人口中52%[①] 是女性——但拥有权力和影响力的位置大多由男性占据。对此，肯尼亚已故的诺贝尔和平奖得主旺加里·马塔伊有简

① 该演讲作于2012年12月。根据世界银行数据，2012年的世界女性人口占总人口比例约为49.68%，2022年的世界女性人口占总人口比例约为49.74%。——编注

洁到位的描述，她说越往上女性越少。

在最近的美国大选中，我们不断听人提起莉莉·莱德贝特法案[①]，而若不仅仅只关注那个押头韵的好名字，我们就能看到其中的实情：在美国，拥有相同资质的一名男性与一名女性做同一份工作，而那名男性得到的薪酬更高，因为他是男性。

所以，男性是实实在在地统治着这个世界。这有其合理之处——在一千年前时。因为那个时候，在人类生活的那个世界里，确保生存最重要的特质是力量，体格更强壮的人更有可能领导他人。而总的来说，男性体格确实要强壮些。（当然也有例外。）如今我们则生活在一个截然不同

① 即助力女性提起同工同酬案诉讼的《莉莉·莱德贝特公平薪酬法案》（*Lilly Ledbetter Fair Pay Act*, 2009）。——译注

就聪慧、有改革精神、有创造力的可能性而言，男性女性是一样的。我们已经进化了。但我们关于性别的认识却没怎么进化。

的世界里。更有领袖资质的不是体格更强壮的人，而是更聪慧、知识更渊博、更具创造力、更有改革精神的人。而这些资质并不由激素决定。就聪慧、有改革精神、有创造力的可能性而言，男性女性是一样的。我们已经进化了。但我们关于性别的认识却没怎么进化。

我确实愤怒。我们都应该愤怒。在漫长的历史中，愤怒带来了许多积极的变化。愤怒之余，我也满怀希望，因为我由衷地相信人类有能力再造自我，变得更好。

不久前，我走进一家酒店的大堂，这是尼日利亚最好的酒店之一。门口的保安拦住我，问了我一堆讨厌的问题——我要找的那人名字和房号是什么？我认不认识此人？我能不能出示房卡证明我是酒店客人？——因为人们在潜意识里认定任何独自走进酒店的尼日利亚妇女都是性工作者。因为独自一人的尼日利亚妇女不可能是自付房费的客人。在这同一家酒店，若是一个男子独自走进来，便不会有这样的麻烦。人们认定他来这儿当然是做正经事的。（顺便一提，这些酒店为什么不关注对于性工作者的需求，而只盯着明面上的供应？）

在拉各斯，有许多广受好评的俱乐部和酒吧我都没法独自进入。如果你是女性，单独一人，他们根本就不让你进。你必须有男士陪同。所以，我的一些男性朋友去俱乐部玩，结果到头来胳膊上挽了个陌生人，因为那名陌生人是位独自前来的女士，她别无选择，只能求“助”以进入俱乐部。

每次我同一名男士一起走进尼日利亚的餐厅，侍者都会向那位男士问好而无视我。这些侍者是社会的产物，这个社会告诉他们男性比女性重要。我也知道他们没有恶意，但对于一件事，理智的认知是一回事，情感的反应则是另一回事。每次他们无视我，我便觉得自己成了隐形人。我很不痛快。我想告诉他们我同那位男性一样，也是个人，应该得到同样的认可。这都是些小事，但有时伤人最甚的正是这些小事。

不久前，我写过一篇文章，讲的是身为年轻女性在拉各斯的经历。一个熟人对我说那篇文章戾气太盛，我不应该在文章里显得那么愤怒。但我不妥协。就是愤怒嘛。现下运行着的性别机制极为不公。我确实愤怒。我们都应该愤怒。在漫长的历史中，愤怒带来了许多积极的变化。愤怒之余，我也满怀希望，因为我由衷地相信人类有能力再造自我，变得更好。

不过且重回愤怒。我听得出那个熟人语气中的告诫，也知道那评价针对的不只是我的文章，

还包括我的为人。其中的潜台词是，愤怒对于一名女性来说尤其不好。如果你是女性，你就不该显露怒气，因为它具有威胁性。我有个朋友，是位美国女性，接替一位男士担任主管工作。大家都说前任主管是个“为人严厉的狂斗士”；他说话不拐弯，做事雷厉风行，对考勤要求特别严格。她接下了新工作，自觉和他一样严厉，或许稍稍和气一些——她说他不大想得到别人是有家小的，而她想到了。她接手没几周便处分了一名在考勤表上作假的职工，换前任主管肯定也是这么办。这名职工随后向高层管理部门投诉她的行事风格，说她咄咄逼人，难以共事。其他职工纷纷附和。其中一个说，他们原指望她能给她的工作带来一点“女人味”，但她没有。

而她所做的，和让那位男性因此获得夸赞的，其实是同样的事，这一点他们谁都没有意识到。

我还有一个朋友，也是位美国女性，在广告公司有一份高薪工作。她是团队中两位女性成员之一。她说，一次会上，她觉得老板轻慢了她，因为她的意见老板完全无视，而当一名男士表达类似意思后，老板却夸奖了他。她想要开口抗议，想质问老板，但没这样做，而是会后去洗手间哭了一场，然后打电话给我吐槽发泄。她之所以没有开口，是因为她不想显得咄咄逼人。她压下了自己的怒火。

让我特别注意到的，是她们在讨人“喜欢”上倾注了多少心力（这在她以及我许多其他美国女性朋友的身上都能看到）。她们成长过程中接受的教育让她们相信讨人喜欢非常重要，且“讨喜”是个明确、具体的品质。这一明确、具体的品质不包括当众发火或是强势好斗，抑或是公然与人争辩。

我们花了太多的时间教育女孩子去担心男孩子会怎么看她们。但反之从不亦然。我们不教男孩子去在乎是否讨喜。我们花了太多的时间告诉女孩子她们不能愤怒、不能好斗、不能强硬——这就已经够糟糕的了，而我们还转过身来就同样的行为赞扬男性，或者为他们开脱。全世界范围内，有那么多的杂志文章和书籍告诉女性要吸引或者取悦男人该做什么，应该以及不该怎样为人。给男性的女性取悦指南可少得多。

在拉各斯，我在一个写作工作坊任教。一

位学员，是个年轻姑娘，告诉我说有个朋友叫她不要听我讲的那些“女性主义的话”，否则她会受到某些观点影响，而那会毁掉她的婚姻。在我们这个社会里，针对女性而不是男性发出这种恐吓——婚姻被毁，或者可能根本不会有婚姻——的可能性要大得多。

性别问题在全世界都事关重大。而今天我想要呼吁我们大家来想象，来规划一个不同的世界。一个更为公平的世界。一个男人和女人都更加快乐、更加忠于自我的世界。第一步应该这样做：我们必须改变我们培养女儿的方式；我们也必须改变我们培养儿子的方式。

今天我想要呼吁我们大家来想象，来规划一个不同的世界。一个更为公平的世界。一个男人和女人都更加快乐、更加忠于自我的世界。

我们（为让他们觉得自己必须得强）对男性做的最糟糕的事，是让他们的自尊心变得极其脆弱。一个男人越是觉得自己非得强，他的自尊心就越脆弱。

我们培养男孩的方式对他们大大不利。我们压抑男孩的人性。我们把男性气质定义得非常之狭隘。男性气质是个坚固、狭小的牢笼，而我们把男孩就关在那个笼子里。

我们教导男孩要厌弃恐惧、怯懦、脆弱。我们教导他们要掩饰真性，因为他们必须做一个——用尼日利亚人的话来说——硬汉。

上初中的男孩和女孩出去约会，两人都不过十几岁，没几个零花钱。但人们总指望男孩来买单，以证明他是个男子汉。（而我们居然还想不通为什么男孩更有可能偷父母的钱。）

要是我们培养男孩女孩时，不教他们把男性气质和金钱联系在一起呢？要是他们的观点不是“男孩必须买单”，而是“谁钱多谁买单”呢？当然，因为男性有历史优势，如今通常确实是他们更富有。但如果我们开始用不同的方式培养孩子，那么五十年后、一百年后，男孩将不会再有必须采用物质手段证明自己具有阳刚之气的压力。

不过，我们（为让他们觉得自己必须得强）对男性做的最糟糕的事，是让他们的自尊心变得极其脆弱。一个男人越是觉得自己非得强，他的自尊心就越脆弱。

而我们培养女孩子的方式对她们更是大大不

利，因为我们培养她们去迎合男人脆弱的自尊。

我们教女孩要收敛自己，要伏低做小。

我们对女孩说：你可以有抱负，但是不要太大。你的目标应该是成功，但不是太成功，不然你会威胁到男人。如果在一段男女关系里，你是养家糊口的那个，要装作你不是——特别是在外人面前，否则会伤害他的男子汉气概。

但是，要是我们对这个前提本身提出质疑呢？为什么女人的成功就是对男人的威胁？要是我们干脆废除“emasculation”[①]这个说法呢？英语里大概没有哪一个单词比它更令我厌恶的了。

① 即“使无男子气”，引申为“阉割、去势”“删削、削弱”“使柔弱”之意。原文中前一段结尾处使用了这一单词的动词形式。——译注

我的一个尼日利亚熟人曾经问过我担不担心男人会被我吓跑。

我一点都不担心——我压根儿都没想到要担心，因为那种会被我吓跑的男人，正是叫我毫无兴趣的人。

不过，这话还是让我印象深刻。因为我是女性，别人就指望我会渴望婚姻，指望我在做人生各种选择时总是牢记婚姻最重要。婚姻确实可以是件好事，带来快乐、关爱、互相扶持。但为什么我们教女孩渴望婚姻，却不同样如此教导男孩？

我认识一位尼日利亚女性，她把自己的房子卖了，因为她不想吓跑某个有可能愿意娶她的男人。

我认识一位尼日利亚的未婚女性，她参加会

议时会戴婚戒，因为她希望同事们（用她的话说）“给予她尊重”。

此事的可悲之处在于，一枚婚戒确实会自然而然地使她获得尊重，而不戴婚戒则会让她被人随意怠慢——而这发生在现代职场。

我认识许多年轻女性，遭到（家庭、朋友，甚至工作）逼婚，在巨大压力下做出了很多极其糟糕的选择。

一个女人到了一定年龄还未婚的话，我们的社会就会告诫她，让她将这视为个人最大的失败。

而一个男人到了一定年龄还未婚，那是他还没有挑选好。

女性可以对这一切说不——这话说来容易，但现实更繁难，更复杂。我们都是社会动物。我们会内化来自社会交往的观点。

就连我们使用的语言都反映出这一点。婚姻的语言表达的往往是所有关系而非合作关系。

我们会用“尊重”这个词描述女性对男性的态度，但通常不会用它来描述男性如何对待女性。

男人和女人都会说：“我这样做是为了夫妻和睦。”

当男人说这话时，一般是因为他们做了本来就应该做的事儿。有的时候，他们会用一种既宠溺又恼火的口气对朋友说（这归根结底是向他们证明自己的男子汉气概）——“唉，我老婆说我不能每天晚上都去夜店，所以如今，为了夫妻和睦，我只周末去。”

当女人说“我这样做是为了夫妻和睦”，往

当女人说“我这样做是为了夫妻和睦”，往往是因为她们放弃了一份工作、一个事业目标、一个梦想。

往是因为她们放弃了一份工作、一个事业目标、一个梦想。

我们教导女人，在一段关系中，更可能妥协的是女人。

我们培养女孩将彼此视为竞争者——竞争的不是工作或成就(这样的竞争我觉得会是好事儿)，而是男人的注意。

我们教导女孩不可以有男孩那样的性观念。如果我们有儿子，得知他们有女朋友了，我们不会在意。但我们女儿的男朋友呢？老天保佑可千万别有。(不过，我们当然指望一到合适的时候，她们就能把最佳婚嫁人选带回来。)

我们监督女孩子。我们夸奖女孩子守身如玉，但我们不夸奖男孩子守身如玉。(而我一直很好奇，这到底要怎样才做得到，毕竟，失贞这事儿一般得涉及不同性别的两个人。）

最近，一名年轻女性在尼日利亚的一所大学里遭到轮奸，而许多尼日利亚年轻人——有男有女——对此的回应是这样的：是的，强奸不对，但一个姑娘为什么会和四个男孩共处一室？

如果可以的话，让我们忘掉那一回应中流露出的可怕的人性缺失。这些尼日利亚人从小接受的教育让他们认为女性天然有罪。他们从小接受的教育让他们对男性几乎毫无期望，都可以接受男人都是些毫无自控力的野蛮人这样的观念。

我们把耻辱感灌输给女孩。**夹好你的腿**。**把自己遮严实**。我们让她们觉得，似乎因为生而为女性，她们就已经犯了什么错。于是女孩长大后不能说自己拥有欲望，要缄默不语，不能说出自己真实的想法，要将假装变成一种艺术。

我认识一位痛恨做家务的女性，但她假装自己喜欢，因为她接受的教育告诉她要成为“好老婆料”，她就必须——用那个尼日利亚词儿来说——宜家。然后她结了婚。然后她夫家人开始抱怨她变了。实际上，她没变。她只是懒得再违心假装了。

性别的问题在于它规定我们应该是怎样的，而不是承认我们是怎样的。想象一下，如果我们不受性别预期的重压，我们会快乐多少，在成就真正的个性自我方面能多出多少自由。

不可否认，从生理角度说，男孩和女孩的确有不同，但社会交往夸张放大了这些不同，接着让这些不同开启了自我实现的进程。

不可否认，从生理角度说，男孩和女孩的确有不同，但社会交往夸张放大了这些不同，接着让这些不同开启了自我实现的进程。就以做饭这件事为例。今天，总的来说，做家务的更可能是女性而非男性——烧饭做菜、打扫卫生。但为什么会这样？是因为女性天生带做饭的基因，还是因为这么多年来，在社会交往的影响下，她们将做饭当成了自己的天职？我本来准备说也许女性的确天生带有做饭基因，但是我想起来世界知名

厨师（获“主厨”这个高级头衔的）大多是男性。

我以前会看着我的祖母，一个了不起的女人，思忖若是她年轻时能和男性一样有各种机会，她现在会是怎样的。和我祖母那会儿相比，今天的女性有了更多的机会。这是政策和法律变化带来的，它们很重要。

但更重要的是我们的态度，我们的思维模式。

要是在培养孩子时，我们关注能力而不是性别呢？要是我们关注兴趣而不是性别呢？

对于男孩来说，做饭是既实际又有用的生活技能：我一直觉得，把喂养自己这种至关重要之事交到别人手里，实在没什么道理。

我认识一家人，有一儿一女，两人相差一岁，学习成绩都棒极了。男孩肚子饿的时候，父母会对女孩说，去给你哥煮碗营多面[1]。女孩不喜欢煮营多面，但她是女孩，她必须去煮。要是做父母的一开始就教会两个孩子怎么煮营多面呢？顺便一提，对于男孩来说，做饭是既实际又有用的生活技能：我一直觉得，把喂养自己这种至关重要

① 营多面（Indomie）是印度尼西亚的一个方便面品牌，在全球许多国家都有售，颇受欢迎。——译注

之事交到别人手里，实在没什么道理。

我认识一个女人，有着和丈夫一样的学位和工作。他们下班回到家后，家务主要是她做——许多婚姻里都是这样。但让我震惊的是，每次他给宝宝换了尿布，她都会对他说**谢谢你**。要是她把他应该帮着照顾他自己的孩子这件事看得寻常、自然呢？

我已做出了选择，将不再为我的女性气质而感到歉疚。我希望自己能充分作为女性而被尊重。

我一直在努力忘掉许多自己在成长过程中内化了的性别规训，但有的时候，我仍然会受性别预期的影响。

我第一次给研究生上写作课前曾经焦虑过。不是因为教学内容——我备好了课，而且教的是我喜欢的东西。我焦虑是因为不知道该穿什么样的衣服。我想要别人把我当回事儿。

我知道，因为我是女性，所以我自然就必须证明我的价值。而我担心，如果我看上去太女性化了，别人就会不把我当回事。我真的很想涂我的珠光唇釉，穿我的少女裙，但我决定不这么做。我穿了一套非常严肃、非常男性化，而且非常丑的正装。

这件事的个中悲哀，其实质，是就外表而言，我们的起点是男性，我们以他们为标准、为规范。我们很多人都认为，一个女人看上去越不女性化，她就越有可能被当回事儿。一个男人出席商务会议时，不会担心别人单纯因他的穿着而轻视他——但女性确实担心。

我希望自己那天没穿那套丑陋的正装。要是当时我有今天这种做自己的勇气，我的学生能从我的教学中获益更多，因为我自己会更自在，会更充实更真实。

我穿它们是因为我喜欢它们，穿上后自我感觉好极了。所谓“男性目光”对我生活选择的影响微乎其微。

我已做出了选择，将不再为我的女性气质而感到歉疚。我希望自己能充分作为女性而被尊重。因为理应如此。我喜欢政治、历史，如果能就各种思想观念问题与人好好辩论一番，那时我最为开心。我女子气十足。我快乐地女子气十足。我喜欢高跟鞋，喜欢尝试各种口红。男性和女性的赞美都让我愉悦（不过我必须诚实地说，我更喜欢来自时尚女性的赞美），不过我常常穿男性不喜欢或不“理解”的服饰。我穿它们是因为我喜欢它们，穿上后自我感觉好极了。所谓“男性目光”对我生活选择的影响微乎其微。

千百年来，世界把人类一分为二，

接着就去排斥和压迫其中一方。

就性别展开对话并不容易。它让人们不自在，有时甚至会引发怒火。男性女性都不愿谈论性别话题，遇到性别引起的问题总会飞快地打发掉。因为改变现状这件事儿，总是让人想起来就不舒服。

有些人问："为什么要用女性主义者这个词？为什么不能说你信仰人权，或者其他诸如此类的说法？"因为那不诚实。当然，女权是普遍人权的一部分——但选择人权这个含糊的说法，便否认了性别这一具体而特殊的问题。这等于假装多

少个世纪以来遭排斥的不是女性。这等于否认性别问题针对的是女性。否认性别问题关乎的不是如何做人而是如何做女人。千百年来，世界把人类一分为二，接着就去排斥和压迫其中一方。在解决这个问题时承认这一点，这再公平不过了。

有些男性觉得受到女性主义理念的威胁。我觉得，这源自男孩成长时所受教育激发出的不安全感，若是他们不因为是男性便能“天然地”掌控一切，他们的自我价值意识就会减损。

性别和阶级是两码事。贫穷的男人依旧有男人的特权，哪怕他们没有富人的特权。

另一些男人也许会这样回应：好吧，这挺有趣，但我不是这样考虑的。我根本不考虑性别问题。

也许吧。

而这也是问题的一部分：许多男人不会主动想到或者注意到性别问题；许多男人会说，在过去情况也许不大好，但如今一切都好啦，我的朋友路易就是这样说的；许多男人什么都不做，不去改变它。如果你是男人，你走进餐厅而侍者只招呼你，你有没有想过要问侍者“你为什么不招呼她？”？对于所有这些看上去很小的事儿，男人都有必要发声。

因为谈论性别会让人不舒服，因此有许多掐掉话头的简单方法。

有些人会提进化生物学，提猿猴，说雌猿臣服于雄猿——诸如此类的。但关键在于：我们不是猿猴。猿猴还住在树上、吃蚯蚓呢。我们不。

有些人会说，啊呀，贫穷的男人日子也不好过。他们确实如此。

但这场对话要谈的不是这个。性别和阶级是两码事。贫穷的男人依旧有男人的特权，哪怕他们没有富人的特权。对于各种人压迫人的制度，以及它们彼此间如何视而不见，我从同黑人男性的交谈中了解到不少。有一次，我在谈论性别问题时一个男人问我："为什么一定要拿你作为一个女人来说事？为什么不是你作为一个人？"这类问题是在叫人闭嘴，不要提自己的种种具体经历。我当然是个人，但在这个世界上，我之所以会经历某些特别的事情，是因为我是个女人。而正是这同一个男人——顺便一说——经常把自己作为黑人男性的经历挂在嘴边。（我当初也许应该这样回应他的：为什么不拿你作为一个男人或一个人的经历说事？为什么是黑人男性？）

所以，不，这场对话谈的是性别。有些人会说，哦，但女人才有真正的力量：下身之力。（这是尼日利亚人的一种说法，指那种以自己的性魅力从男人那里弄到东西的女人。）但下身之力根本不是力量，因为靠下身之力的女人实际上毫无力量，她只是有个利用别人力量的好办法罢了。而且，要是那男人正巧心情不好，或者生了病，或者临时阳痿了，那会怎么样？

有些人会说，女人从属于男人，因为这就是我们的文化。但文化是在时刻变化着的。我有一对漂亮的双胞胎侄女，现在十五岁。如果她们生于一百年前，她们会被带走杀掉，因为一百年前，伊博[①]文化认为双胞胎降生是凶兆。而如今，对于所有伊博人来说，那种做法都是不可思议的。

文化的意义是什么？归根结底，文化的作用在于确保一个民族得以留存与延续。在我们家的这些孩子里，我对于我们家族的故事、祖先的土地、我们的传统最感兴趣。我的兄弟们对此的兴趣不

① 伊博族（Igbo）是尼日利亚东部的主要黑人种族之一。——译注

如我那么大。但我不能参与其中，因为伊博文化重男轻女，事关家族重大决定的聚会，只有大家庭里的男性成员才可以参加。所以，尽管我是对这些事情最感兴趣的一个，我却不能参加这种家族会议。我没有正式发言权，因为我是女的。

文化并不创造人，而人创造文化。如果我们的文化不承认女性拥有完整的人权，那么我们可以而且必须使它承认。

女性主义者
一个主张妇女在政治、经济、文化和社会等
方面享有与男子平等权利的人。

我常常想起我的朋友奥克洛马。愿他以及其他那些在那场索索利索[1]坠机事件中遇难的人们安息。我们这些爱他的人会永远记得他的。而且那么多年前的那一天，他说的没错——他说我是女性主义者，我的确是女性主义者。

那么多年前，我在字典里查到那个词时，看到那上面这样说：女性主义者：一个主张妇女在

① 即尼日利亚索索利索航空公司（Sosoliso Airlines）。——译注

政治、经济、文化和社会等方面享有与男子平等权利的人。

从我听说过的故事来看，我的曾祖母是个女性主义者。她从自己不想嫁的男人家里逃了出来，和自己选中的男人结了婚。当她觉得自己因为是女人而被剥夺了土地以及其他权益时，她拒绝，她抗议，她大声疾呼。她不知道女性主义者这个词，但这不意味着她不是个女性主义者。我们更多的人应该重新拾起这个词。我认识的最棒的女性主义者是我弟弟肯尼，他同时也是个非常善良、英俊、充满阳刚之气的年轻人。我自己对于女性主义者的定义，是一位会说“没错，现今的性别文化有问题，而我们必须解决它，我们必须做得更好”的男性或女性。我们所有人，女人和男人，都必须做得更好。

图书在版编目（CIP）数据

我们都应该做女性主义者 /（尼日利）奇玛曼达 · 恩戈兹 · 阿迪契著；陈星译. — 南京 ：译林出版社，2024.3

（阿迪契作品）

书名原文：We Should All Be Feminists

ISBN 978-7-5447-9999-7

Ⅰ.①我… Ⅱ.①奇… ②陈… Ⅲ.①男女平等 - 研究 Ⅳ.①D440

中国国家版本馆 CIP 数据核字（2023）第 240655 号

著作权合同登记号　图字：10-2022-96 号

我们都应该做女性主义者　［尼日利亚］奇玛曼达 · 恩戈兹 · 阿迪契 / 著　陈星 / 译

责任编辑　宗育忍
特约编辑　李玲慧
装帧设计　任凌云
校　　对　施雨嘉
责任印制　闻媛媛

出版发行　译林出版社
地　　址　南京市湖南路 1 号 A 楼
邮　　箱　yilin@yilin.com
网　　址　www.yilin.com
市场热线　025-86633278
排　　版　南京新华丰制版有限公司
印　　刷　南京新世纪联盟印务有限公司
开　　本　787 毫米 ×1092 毫米　1/32
印　　张　2.875
插　　页　4
版　　次　2024 年 3 月第 1 版
印　　次　2024 年 3 月第 1 次印刷
书　　号　ISBN 978-7-5447-9999-7
定　　价　39.00 元